PROJET

D'ORGANISATION

DU TRAVAIL,

PAR

M. A. DE BRUNET DE LA RENOUDIÈRE.

BESANÇON,

IMPRIMERIE DE VEUVE CH. DEIS.

1849.

PROJET

D'ORGANISATION

DU TRAVAIL.

CONSIDÉRATIONS GÉNÉRALES.

Soixante années se sont accomplies depuis que l'ange des révolutions verse sur la France les flots de sa coupe empoisonnée. Forts et faibles, riches ou pauvres, prêtres ou magistrats, agriculteurs ou soldats, artistes ou négociants, tous luttent en vain contre les eaux envahissantes de cette mer dévastatrice. Aucune des institutions fondées pour la protection et l'alliance de leurs intérêts divers n'a pu résister à ses ravages ; et tandis que celles dont l'expérience des siècles avait démontré l'excellence et la nécessité n'ont pas même été respectées, nous voyons se maintenir et se perpétuer debout et intacts, sous des formes ou des noms différents, les mêmes abus, les mêmes défauts et les mêmes vices.

S'il s'agissait ici de pénétrer dans tous les détails d'une aussi vaste et aussi importante question, les chapitres se multiplieraient à l'infini sous notre plume ; mais tel n'est pas notre but, et nous ne comptons en aborder qu'un seul. Assez de pleurs, d'ailleurs, n'ont-ils pas été versés sur nos ruines. Le temps serait-il bien choisi pour se poser en Jérémie de la situation, sans en indiquer le remède, et ne courrait-on pas les risques de faire répéter aux échos du désert les accents d'une lamentation stérile ?

Trève donc à de vaines paroles ; choisissons parmi les débris de nos révolutions ceux qui nous paraissent empreints du plus haut intérêt social, et mettons-nous promptement et résolument à l'œuvre de la réédification.

D'après cet exposé rapide, on nous pardonnera sans doute de brûler les étapes d'un exorde inutile et d'entrer sans autre réflexion en matière.

———

S'il est juste de dire que les révolutions qui se sont succédées depuis soixante ans ont détruit ou froissé tous les intérêts, cette assertion s'applique avec une vérité plus manifeste à ceux qu'elles semblaient prendre mission de protéger et défendre d'une manière toute spéciale, à ceux qui trop souvent ont servi de prétexte à leurs excès, et dont elles se sont fait un marchepied pour fouler tous les autres : nous voulons parler des intérêts du travailleur et du pauvre. Il suffira, pour le prouver, de détourner un instant nos yeux sur un passé qui sans doute n'est pas sans reproche, mais dont les qualités pouvaient à certains égards faire excuser les défauts.

Avant 89, le travailleur agricole vivait exempt des sollicitudes de l'avenir sur le sol qui l'avait vu naître, ainsi que sa famille. Le travailleur professionnel trouvait dans les corporations l'appui nécessaire à son isolement et à sa faiblesse, et le pauvre, qui pouvait ressentir les dures atteintes du froid et de la faim, obtenait auprès des congrégations religieuses un soulagement fraternel à ses misères, des vêtements et du feu, un abri et du pain.

Nous n'ignorons aucune des puissantes raisons dont on s'est armé pour détruire ces trois conditions du travailleur et du pauvre ; mais nous serait-il permis de demander par quelles conditions meilleures elles ont été remplacées, et si nous devons considérer comme méritant la reconnaissance publique cette multitude de palliatifs que l'on propose et dont l'application est plutôt susceptible d'aggraver le mal que de le guérir ?

La révolution, sans doute, a dit au serf et au mendiant: Je te fais libre et électeur ; mais après avoir étendu sa main spoliatrice sur tout ce qui constituait son patrimoine véritable, ne lui a-t-elle pas dit aussi :

Travaille si tu trouves, trouve si tu peux, mendie si tu l'oses, pille, tue ou meurs.

Affreux langage dont on ne saurait envisager les résultats sans frémir, et dont la pratique serait aujourd'hui le code de la France, si le dévoûment des âmes bienfaisantes et la charité catholique ne s'étaient pas constamment précipités au-devant de toutes les misères pour les soulager et les atténuer.

Et l'on s'étonnerait après cela, qu'abandonnés par une société marâtre, le travailleur et le pauvre n'éprouvent pour elle que des sentiments de haine et d'envie ; qu'au milieu de leur isolement et de leur faiblesse ils cherchent dans des associations, presque toujours coupables, les ressources et l'appui qui leur manquent ; que, privés de sages conseils et d'éducation, ils deviennent, souvent sans le savoir, la proie de l'esprit du mal et le docile instrument de ses aveugles fureurs ou de ses terribles vengeances ; que, dans l'espoir enfin d'échapper aux angoisses du besoin et de la souffrance, ils se jettent dans les bras du premier ambitieux ou du dernier rêveur, et sacrifient non-seulement leur liberté, mais encore leur vie, pour demeurer le jouet éternel de leurs décevantes promesses et de leurs théories insensées ! Non ; on ne saurait trop le répéter, si la société est chaque jour ébranlée sur ses bases les plus fondamentales, si l'orage gronde perpétuellement sur nos têtes et si l'abîme se creuse ou s'entrouvre sous nos pieds, n'en accusons pas toujours le faible qui supplie, le pauvre qui espère, le travailleur qui tend les bras. La société se montre parfois, il est vrai, trop égoïste et trop indifférente ; mais à vous surtout, éternels fauteurs de révolutions ; à vous, de vous frapper la poitrine, à vous de faire amende honorable ! car du sein de vos ruines amoncelées n'a pu s'élever encore une seule pierre de réédification ; car de vos intelligences orgueilleuses n'a pu éclore une seule pensée véritablement organisatrice et qui, sans dépouiller le riche au profit du pauvre, ou sans demander à l'État des sacrifices accablants, assure le bonheur de chacun par la prospérité de tous.

Si donc l'impuissance de nos modernes réformateurs se trouve aujourd'hui bien constatée, n'est-il pas temps enfin d'arrêter les progrès de leurs ravages, et de ramener au bercail les brebis qu'on égare?

De louables efforts sont tentés sans doute pour combler le gouffre béant qui menace de nous engloutir ; l'État et les Communes s'imposent chaque jour de généreux sacrifices, la charité catholique se transforme de mille manières, et des lois se préparent pour régler l'assistance promise par la Constitution. Disons-le cependant, afin de prévenir d'infructueux essais, trois écueils sont à éviter si l'on veut atteindre sûrement le but que l'on se propose.

Le premier, c'est de donner à l'intervention de l'État et à la loi une part trop large dans une question de liberté.

Le second, c'est l'absence de tout élément religieux dans une question d'humanité.

Le troisième, c'est le défaut de lien entre toutes les œuvres isolées et de foyer commun à toutes les aspirations vers le bien.

Ainsi que l'a fort judicieusement fait observer M. Louis-Napoléon Bonaparte, dans son remarquable manifeste, l'État doit éviter cette tendance funeste qui l'entraîne à exécuter lui-même ce que les particuliers peuvent faire aussi bien et mieux que lui.

Lorsque par exemple il entreprend et fait exécuter des travaux, on conçoit que son action s'étende sur les ouvriers à sa solde, et qu'il les réglemente à sa guise ; mais lorsqu'il s'agit d'intérêts privés, cette action devient nulle et nuisible.

L'État ne peut pas plus forcer des individus à fournir le travail que d'autres à l'exécuter, et ce qui ressortira d'une manière évidente dans le projet que nous allons soumettre, c'est qu'il ne peut pas davantage s'immiscer dans les infinis détails qui, en provoquant les libéralités particulières, viennent augmenter les ressources dans la proportion des besoins. Craignons qu'en rendant les sacrifices obligatoires, on ne cherche alors tous les moyens de les éviter. Craignons surtout les tristes et dangereux effets de la bienfaisance et de la charité légale, cette lèpre qui ronge notre voisine d'outre-mer, et dont elle ne peut parvenir à se débarrasser.

D'après ces graves considérations, et quelles que soient d'ailleurs les idées généreuses de la Constitution relativement à l'assistance promise, nous pensons que le rôle officiel de l'État, s'il ne veut pas épuiser tous ses revenus, ne doit être qu'un rôle de protection et d'encouragement à toutes les œuvres qui ont pour objet de subvenir aux besoins des classes souffrantes, sauf à suppléer, si cela devenait nécessaire, à l'insuffisance des ressources.

Nous avons dit que le second écueil consistait dans l'absence de tout élément religieux. Et en effet, il ne peut être donné qu'à une orgueilleuse et impitoyable philosophie de croire que la loi civile peut suppléer à la loi divine de la charité. Sera-ce elle qui, par l'aiguillon piquant du remords, viendra porter le trouble dans la conscience de l'avare et du cupide? sera-ce elle qui provoquera ces dévoûments généreux et ces élans sublimes qui font affronter, pour le soulagement de ses semblables, toutes les humiliations, tous les refus, braver les horreurs de la peste, les périls de la contagion et de l'épidémie, souvent même jusqu'à la mort? Sa voix, enfin, possédera-t-elle des grâces assez efficaces pour parler utilement au pauvre et au travailleur, de tempérance et de moralité? Oui, ses lois peuvent donner aux peuples des spectacles et du pain; mais modérer leurs penchants, régler leurs instincts et réprimer leurs passions, jamais. Enfin, l'élément religieux, en épargnant à l'État des dépenses énormes, portera dans des fonctions rebutées du monde et néanmoins si importantes pour l'humanité, un zèle, un courage, une activité, une patience, une économie, une probité, une douceur, une charité, un désintéressement qu'on ne peut attendre des seules prescriptions de la loi.

Le troisième écueil que nous avons signalé, c'est le défaut d'association entre tous les efforts individuels.

Si la charité légale est une plaie sous laquelle succombe l'Angleterre, la charité abandonnée à elle-même, sans une organisation qui règle l'emploi de ses ressources, ne peut suffire à tous les besoins. D'une part, les mauvais riches trouveront toujours le moyen de se soustraire aux sacrifices. D'autre part, les mauvais pauvres épuiseront bientôt les ressources les plus abondantes.

Par l'association, au contraire, chacun étant sûr de voir ses aumônes sinon mieux administrées, du moins plus fructueusement réparties, donnera avec joie. Le trésor commun s'augmentera des fonds légués par la piété et la bienfaisance; la dureté même du cœur se verra forcée d'y apporter son offrande, et par là, on peut l'espérer, les ressources de l'œuvre se trouveront au niveau des besoins.

Ainsi donc, la liberté sous la protection et l'encouragement de l'état, l'introduction de l'élément religieux et chrétien dans toutes les mesures qui seront adoptées, et leur réunion dans un seul faisceau, voilà les trois pivots qui doivent servir de base à l'extinction du paupérisme en France. Mais quel peut être le lien de ce faisceau ? Selon nous, il n'y en a pas d'autre qu'une bonne et complète *organisation du travail*.

Et que l'on ne s'effraie pas de ces mots : *Organisation du travail !* Sous notre plume, ils ne sont et ne peuvent être ni l'expression de l'inintelligente égalité des salaires, ni celle de la ruineuse prodigalité des ateliers nationaux. Loin de saper les fondements constitutifs de la société, l'*Organisation du travail,* telle que nous la voulons et telle que nous allons la présenter, a pour but au contraire de les fortifier et de les accroître ; en un mot, organiser, pour nous, ce n'est pas mettre partout le désordre et l'anarchie.

Déjà le lendemain de la révolution de février, nous avons cru devoir élever la voix en faveur d'une sérieuse organisation du travail, et nous avons même indiqué quelques-uns des moyens principaux qui nous semblent propres à fonder cette organisation.

Mais à cette époque, tous les économistes de la nouvelle école jouissaient d'un tel crédit et d'une si grande faveur, que malgré toute la maturité de nos réflexions et les sanctions honorables qu'elles avaient obtenues, nous fûmes tellement convaincus de notre faiblesse et de notre infériorité vis-à-vis des grands-prêtres et des princes de la science, que nous ne hasardâmes nos idées qu'avec une réserve prudente et la plus grande méfiance de nous-même.

Investies, d'ailleurs, du mandat populaire et placées sur une plus vaste scène, ces intelligences privilégiées ne devaient-elles pas grandir en proportion de leur soudaine apothéose, et de ces astres nouveaux ne devions-nous pas recevoir exclusivement la chaleur, la lumière et la vie?

La lumière s'est faite, il est vrai, mais non pas celle promise à la France.

Après avoir fondu la cire de leurs ailes au soleil de la publicité, chacun de nos modernes Icares est venu lourdement retomber sur notre humble planète, toujours chargée des mêmes infirmités et des mêmes souffrances. Ces immortels sauveurs qui devaient racheter le monde, non de leur propre sang, mais de celui des adeptes qui s'exposaient pour eux, n'ont pu trouver d'autre évangile à léguer à leurs apôtres que celui du vol et de l'assassinat; et cette montagne sacrée sur laquelle les nouveaux Moïses devaient recevoir des mains de leurs dieux tout puissants les tables de notre régénération sociale, après nous avoir tenus long-temps dans l'expectative de son laborieux enfantement, n'a pu nous présenter encore le minuscule produit de la fable.

En présence de la chute successive de tous ces demi-dieux méconnus et incompris, il semblerait que nul ne doit être assez téméraire pour oser porter une main profane sur l'arche sainte de l'économie dite politique; mais tel n'est pas notre avis. Il nous semble, au contraire, que le moment est venu où la raison et la vérité doivent reprendre leur empire, et que chacun aujourd'hui peut fournir sa pierre pour la consolidation de l'édifice social ébranlé.

Loin de prétendre au titre de réformateur, et préférant celui beaucoup plus doux et moins orgueilleux d'ami du travailleur et du pauvre, nous qui n'avons d'autre mobile que de contribuer, dans la simple mesure de nos forces, au soulagement de nos semblables, nous croyons devoir dire qu'avant de chercher la solution du grave problème de l'*Organisation du travail*, nous nous sommes étudié à nous dépouiller de tout esprit de parti comme de tout intérêt de position; et que c'est en tenant d'une main l'Evangile, ce code sublime de l'humanité tout entière, et de l'autre la loi civile dont les imperfections et les défauts même doivent être respectés, que nous nous sommes efforcé de sonder toute la profondeur de nos maux, afin d'en découvrir le remède le plus efficace et surtout le plus prompt; non pas, toutefois, un de ces remèdes violents qui tuent le malade, dans l'espoir et la pensée d'une résurrection impossible, mais qui, progressivement et par de sages tempéraments, le font passer d'une convalescence certaine à la santé qu'il demande et qui lui est si nécessaire.

Heureux si nous avons découvert ce remède, nous le serons encore plus de contribuer de tous nos efforts à son application, et, de concert avec tous les hommes généreux, de procurer à notre bien-aimée patrie quelques jours de repos, de calme et de paix, en assurant l'union entre tous ses enfants.

PROJET D'ORGANISATION DU TRAVAIL.

STATUTS ET RÉGLEMENTS.

BUT DE L'ORGANISATION. — FORMATION DU COMITÉ.

ARTICLE PREMIER.

Il est établi dans la commune un comité d'*Organisation du travail.*
Cette Organisation a pour but de procurer aux travailleurs des
deux sexes et de toutes les professions les moyens d'obtenir plus
facilement le travail, de pourvoir à leurs besoins pendant les moments
de chômage, d'améliorer progressivement et pacifiquement leur con-
dition par l'application de toutes les mesures qui sont jugées susceptibles d'atteindre ce but, de pourvoir enfin à toutes les nécessités
de leur éducation et de leur instruction.

L'Organisation s'occupe de l'apprentissage pour les deux sexes.

ARTICLE 2.

Le comité d'Organisation est essentiellement libre et dégagé de
toutes influences étrangères à la mission d'humanité qu'il se propose.

Les autorités religieuses, civiles, politiques, administratives, judiciaires et militaires, sont invitées à lui prêter le concours et l'appui de leur influence.

La présidence d'honneur leur est dévolue dans les conseils et selon l'ordre des préséances. Ils ont voix délibérative.

ARTICLE 3.

Le comité repousse tous moyens de coërcition autres que ceux qui lui sont accordés par les réglements intérieurs de l'Organisation.

ARTICLE 4.

Le comité se compose d'un nombre de membres égal à celui des conseillers municipaux de la commune.

La moitié de ce nombre est élue par les souscripteurs, non travailleurs, agrégés de l'Organisation.

La seconde moitié est élue par les travailleurs agrégés et pris autant que possible dans les différentes professions.

MM. les curés des paroisses sont invités à faire partie du comité. Ils y ont aussi voix délibérative.

ARTICLE 5.

Le comité d'Organisation forme un conseil de prudhommes, devant lequel sont volontairement portées toutes les questions qui intéressent les agrégés, et un syndicat chargé de veiller à leurs intérêts.

Les travailleurs agrégés sont tenus de se soumettre aux décisions du comité, soit en matière de tarifs, soit en tout ce qui concerne l'Organisation.

ARTICLE 6.

Aussitôt sa formation, le comité nomme dans son sein un président directeur général de l'œuvre, un secrétaire et un trésorier. Cette nomination se renouvelle tous les ans.

ARTICLE 7.

Les membres du comité sont élus pour quatre ans.

Tous les deux ans, il est procédé au renouvellement de la moitié des membres.

Tous les membres sortants sont rééligibles.

Les fonctions des membres du comité sont généralement gratuites. Toutefois, si l'importance de l'administration exige la rémunération de quelques-unes de ces fonctions, afin que ceux qui s'en trouvent investis puissent s'y dévouer sans porter préjudice à leurs propres intérêts, le comité décide du montant des allocations à leur faire.

BASES DE L'ORGANISATION.

ARTICLE 8.

Les bases de l'Organisation consistent dans l'établissement d'un ou de plusieurs bureaux de médiation où, d'une part, les personnes qui ont des travaux à exécuter font connaître verbalement ou par écrit leurs demandes, et où, d'autre part, les travaux offerts sont équitablement répartis entre les travailleurs qui, en souscrivant aux statuts et réglements de l'Organisation, y sont agrégés de fait et de droit.

ARTICLE 9.

Les registres matricules d'agrégation des travailleurs renferment tous les détails relatifs à la position de chaque agrégé, le nombre de ses journées de travail pendant l'année, et les sommes reçues pour prix de ce travail.

ARTICLE 10.

Chaque agrégé est pourvu d'un livret contenant les mêmes détails que les registres matricules, et sur lequel la personne qui procure le travail inscrit elle-même et contresigne le nombre de journées employées et le prix qu'elle a payé.

ARTICLE 11.

Des contrôles spéciaux sont affectés au classement des travailleurs, selon leur degré de capacité.

ARTICLE 12.

Tous les trois mois, il est dressé une statistique de la situation du travail et des besoins des travailleurs.

Dans l'Organisation, la personne qui offre le travail est désignée sous le nom de *patron*.

Le travailleur est désigné sous le nom d'*agrégé*.

Le travail procuré par les patrons est désigné sous le nom de *travail extérieur*.

Le travail que l'Organisation fait exécuter pour son propre compte est désigné sous le nom de *travail intérieur*.

ARTICLE 13.

Tout agrégé a un droit égal à la répartition du travail intérieur et extérieur. Le bureau a toutefois égard aux charges qui peuvent grever sa position.

ARTICLE 14.

L'agrégé est libre de travailler pour le patron qui lui plaît, en se conformant aux statuts et réglements. De son côté, le patron est libre de demander l'agrégé qui lui convient pour l'exécution de son travail.

L'Organisation n'exclut pas les rapports directs entre les patrons et les agrégés, en tant que les statuts et règlements sont observés.

Que le travail soit extérieur ou intérieur, l'agrégé est tenu de l'exécuter avec le même soin et la même loyauté.

ARTICLE 15.

L'Organisation n'oppose aucune concurrence aux industries diverses, et n'entreprend elle-même des travaux qu'à leur défaut, ou lorsqu'elles sont en souffrance.

ARTICLE 16.

L'Organisation offre aux maîtres ouvriers la jouissance des mêmes avantages qu'à ses agrégés.

ARTICLE 17.

L'Organisation encourage les associations entre les agrégés ; elle leur fait des avances d'outils, de matériaux et d'argent s'il y a lieu. Elle se porte aussi caution pour eux.

ARTICLE 18.

Le comité garantit, sous sa propre responsabilité, la bonne et fidèle exécution de tous les travaux confiés à ses agrégés.

A moins d'un accord contraire, ces travaux sont surveillés et dirigés par les conducteurs, architectes ou ingénieurs de l'Organisation.

S'il survient quelque discord entre l'agrégé et le patron, le comité intervient, et se charge de tous les réglements de compte.

ARTICLE 19.

L'Organisation fait exécuter, dans l'intérêt de son œuvre, tous les travaux d'art ou d'utilité qu'elle juge convenable.

Elle entreprend toutes cultures, plantations, dessèchements, endiguements et irrigations, forme toutes colonies agricoles pour le défrichement des terrains incultes dont elle sollicite la concession, qu'elle prend à bail ou dont elle se rend acquéreur.

ARTICLE 20.

L'Organisation prend spécialement toutes les mesures qui ont pour but de procurer à ses agrégés les objets de première nécessité au plus bas prix possible.

Elle s'occupe de leur logement, par l'achat ou la construction d'édifices à ce destinés ;

De leur habillement, par l'économie dans les confections et les achats, ainsi que par la répartition des dons qu'elle reçoit ;

De leur nourriture, par les approvisionnements et la préparation même des aliments ;

De leur chauffage, par la distribution du combustible et l'établissement de chauffoirs.

ARTICLE 21.

L'Organisation fournit à ses agrégés les secours en cas de maladie, ainsi que les objets dont ils peuvent être dépourvus. Elle leur procure des médicaments et toutes les ressources de l'art. Elle place auprès d'eux des gardes de nuit et de jour si le cas l'exige.

ARTICLE 22.

Hors le cas de maladie ou tout autre imprévu, l'Organisation n'accorde aucun secours sans travail.

ARTICLE 23.

L'Organisation s'entend avec toutes les associations de bienfaisance

pour le soulagement des vieillards, des infirmes, des malades, e
généralement de toutes les misères, afin de donner aux bienfai
privés et publics un emploi sûr et intelligent.

RESSOURCES DE L'ORGANISATION.

ARTICLE 24.

Les ressources de l'Organisation consistent dans :

Les dons et souscriptions volontaires en argent ou en nature ;

Les allocations de l'Etat et des communes ;

Le produit des expositions publiques d'objets confectionnés pa
les agrégés ;

Le produit de loteries, concerts ou autres moyens susceptibles d
provoquer les libéralités ;

Les revenus des divers travaux exécutés par les agrégés au compt
de l'Organisation ;

Une prime de prévoyance prélevée sur chaque agrégé ;

Une prime de médiation et de garantie prélevée sur chaque patron

Les bénéfices résultant des diverses opérations auxquelles l'Orga
nisation juge à propos de se livrer dans l'intérêt de son œuvre.

ARTICLE 25.

Tous les frais de l'Organisation sont prélevés sur ses ressource
dont le comité règle l'emploi.

ARTICLE 26.

Toute personne qui souscrit à l'Organisation pour la somme de
25 fr., peut, si cela lui convient, participer pendant un an aux dis-

positions économiques prises en faveur des agrégés pour tout ce qui concerne les approvisionnements ; elle a droit aussi de prendre communication des divers renseignements que possèdent les bureaux de médiation.

DISPOSITIONS GÉNÉRALES.

ARTICLE 27.

L'Organisation ne procure aucun travail le dimanche et les fêtes consacrées.

ARTICLE 28.

L'Organisation fonde des cours d'instruction et d'éducation. Elle a particulièrement égard aux agrégés qui les fréquentent.

ARTICLE 29.

L'Organisation favorise et encourage toutes les mesures financières qui ont pour but de concentrer les capitaux dans le ressort de ses attributions, et par conséquent d'y vivifier et d'y développer le travail.

Elle provoque l'établissement local de toutes caisses d'épargne, de prévoyance, de retraite, de crédit et d'assurances diverses.

ARTICLE 30.

Le comité d'Organisation s'impose la mission de chercher à propager son œuvre dans toutes les communes où son influence peut s'étendre. Il entretient avec ces communes d'actives relations, afin de diriger les bras et l'intelligence de ses agrégés sur les divers points où ils peuvent être utilisés.

ARTICLE 31.

Des réglements intérieurs déterminent plus particulièrement les obligations réciproques de l'Organisation et de l'agrégé.

ARTICLE 32.

L'agrégé est libre de se retirer de l'Organisation quand bon lui semble, mais sans que celle-ci soit tenue à quelque dédommagement à sa sortie.

ARTICLE 33.

Ne peuvent être agrégés publiquement à l'Organisation que les travailleurs qui ont leur domicile réel dans la commune, et sont portés sur les listes électorales.

Quant à ceux que des motifs particuliers privent de leurs droits de citoyens, l'Organisation les admet à participer aux mêmes avantages que les autres travailleurs ; mais elle prend à leur égard les dispositions spéciales que commande leur position.

ARTICLE 34.

L'Organisation a pour principe que la commune étant l'image de la famille, elle doit préalablement et exclusivement pourvoir aux besoins de ses membres. En conséquence, les étrangers ne sont admis au travail et aux secours qu'autant qu'ils ont été appelés formellement par l'Organisation pour suppléer aux bras qui manquent dans la commune.

Le comité juge des infractions extraordinaires que peut souffrir cette règle.

ARTICLE 35.

L'Organisation est permanente.

En cas de dissolution imprévue ou forcée, tout l'actif, après réglement du passif, est réparti également entre les agrégés.

Tous les ans il est rendu un compte public et détaillé des résultats de l'Organisation.

RESUMÉ ET CONCLUSION.

Persuadé qu'en esquissant à grands traits notre projet d'*Organisation du travail*, son ensemble et son esprit seraient plus facilement saisis, nous avons jugé superflu d'y introduire tous les articles de comptabilité et de réglements intérieurs qui le complètent. Ces articles ont été de notre part l'objet d'une étude également consciencieuse et approfondie; mais comme l'expérience et l'application peuvent les modifier chaque jour, il nous paraît préférable de les réserver à l'examen des comités.

Peut-être nous reprochera-t-on, dans un travail de cette importance, de n'avoir pas appuyé chacun des statuts d'un exposé de motifs qui en fasse ressortir la nécessité; nous répondrons que ces développements exigeraient un volume et que, pendant sa rédaction, des milliers d'individus continueraient à souffrir et à se plaindre ; d'ailleurs, le temps marche avec une rapidité qui effraie, les événements se pressent, et si nous avons dit en commençant que l'on avait assez versé de pleurs , nous ajouterons que l'on a suffisamment écrit ou discouru. Ce n'est pas le moment de faire de la science économique , mais bien de la pratique sage et chrétienne.

Malgré tous nos soins à satisfaire, dans ce projet, à tous les besoins des travailleurs et de la société, nous n'avons pas non plus la prétention de croire notre œuvre parfaite; mais ce que nous pouvons en dire sans crainte d'être taxé d'exagération, c'est que nous la jugeons susceptible de s'approprier tout ce qu'il y a de réellement bon et applicable dans chacun des divers systèmes proposés jusqu'à ce jour; qu'elle provoque toutes les pensées généreuses, résoud progressivement, sans secousse et par des voies pacifiques, le problème plus incompris qu'effrayant du *droit au travail*, enlève aux intrigants et aux ambitieux le seul piédestal qui puisse servir à leur élévation, ravit tout prétexte à la paresse et à l'oisiveté, à la révolte et à l'insurrection, en tranchant la question si difficile de l'extinction du paupérisme et de la mendicité; détruit ce dangereux antagonisme qui existe entre le faible et le fort, le pauvre et le riche, en établissant entre eux de continuelles et bienveillantes relations; remédie à une immense déperdition de travaux et de ressources; introduit parmi les travailleurs des habitudes d'ordre, d'économie et de probité; les moralise et les instruit; fortifie les liens de famille, tout en anéantissant cette funeste maxime de chacun chez soi, chacun pour soi, et conserve à tous une liberté pleine et entière.

Que par la multiplicité et la variété de ses opérations, elle rend à toutes les classes de la société les services les plus éminents, ne froisse aucun intérêt général ou privé, ne grève ni l'état ni les communes, présente à tout moment la statistique la plus exacte de la situation des pauvres et des travailleurs, et fait connaître par conséquent l'étendue des sacrifices que la société est appelée volontairement à s'imposer.

Enfin c'est qu'elle seule démontre la nécessité d'une amnistie du passé en armant pour l'avenir la société de la plus juste des répressions.

Que l'on ne se figure pas non plus que l'Organisation du travail, telle que nous la proposons, offre d'insurmontables difficultés d'application. Sans doute elle renferme d'infinis détails; mais quelle est donc celle de nos branches d'administration gouvernementale qui n'en renferme de beaucoup plus compliqués et dont, par la subdivision et la répartition des travaux, on ne soit parvenu à surmonter tous les obstacles? Objectera-t-on que plus les rouages se multiplient, plus il faut d'employés pour les conduire? Peu nous importe! N'avous-nous pas à pourvoir aux besoins de cette catégorie des travailleurs?

Faut-il aussi tant d'éléments pour entreprendre cette application? Beaucoup moins qu'on ne le supposerait. Un petit nombre de personnes dévouées et quelques souscriptions qui puissent couvrir les premiers frais de la comptabilité. Peut-être certaines communes ne possèderont-elles pas les éléments d'une complète organisation ; dans ce cas, elles doivent se réunir à d'autres, former des sections et au besoin prendre le canton comme point central.

Et maintenant, dût notre voix se perdre au désert de l'égoïsme, du dédain et de l'indifférence, nous dirons en terminant:

Heureux de la terre, organisez le travail et vous réconcilierez le pauvre avec une société qu'il maudit comme l'enfant délaissé maudit sa mère, et ses sentiments de convoitise et de haine se changeront en pensées de reconnaissance et d'amour. — Pauvres et travailleurs, organisez le travail ; car en vous séparant de la société pour vous jetter dans les bras des rêveurs et des utopistes, vous courez non-seulement à votre perte, mais encore au plus odieux esclavage et à la barbarie la plus affreuse. Et nous tous qui désirons le maintien de la religion, de la famille et de la propriété, organisons le travail. A l'œuvre tandis qu'il en est temps encore! Que notre voix vraiment fraternelle appelle le travailleur et le pauvre à venir s'asseoir enfin au banquet de la vie! Que notre main aille presser la leur et formons avec eux cette alliance d'intérêts sans laquelle il n'y a pas de société forte et durable. Comblons à force de dévoûment et de sacrifices cet abîme qui semble nous séparer et que creuse avec une perfidie, une ardeur et une persévérance infatigable, le démon de la discorde et de l'envie. Brisons, en un mot, tous les obstacles qui nous empêchent d'arriver jusqu'à nos frères égarés et malheureux, et, soyons-en convaincus, les plaies de leurs cœurs trop long-temps ulcérés finiront par se cicatriser et se guérir ; ils abandonneront sans regret les drapeaux souvent ensanglantés de cette armée d'intrigants pour lesquels ils doivent être las de risquer chaque jour leur liberté ou leur vie, et d'ennemis irréconciliables de la société que nous les avons connus, ils deviendront ses amis les plus zélés, ses défenseurs le plus ardents et ses soldats les plus intrépides.

A. DE BRUNET DE LA RENOUDIÈRE.

BESANÇON, IMPRIMERIE DE VEUVE CH. DEIS.